FOOTBALL JOURNAL

SEASON: _____

TEAM I SUPPORT: _____

© 2022 Kev Brett Design and Illustration
www.kev-brett.co.uk

MATCH DAY TICKET

 AROUND THE GROUNDS

( ) **V** ( )

DATE:

GROUND:

ATTENDANCE:

LEAGUE/DIVISION:

MATCH REVIEW:

GROUND REVIEW:

FACILITIES: ☆☆☆☆☆　　ADDITIONAL ACTIVITIES: ☆☆☆☆☆

ATMOSPHERE: ☆☆☆☆☆　　FOOD: ☆☆☆☆☆

OVERALL EXPERIENCE: ☆☆☆☆☆

MATCH DAY TICKET

 AROUND THE GROUNDS

( ) **U** ( )

DATE:

GROUND:

ATTENDANCE:

LEAGUE/DIVISION:

MATCH REVIEW:

GROUND REVIEW:

FACILITIES: ☆☆☆☆☆

ADDITIONAL ACTIVITIES: ☆☆☆☆☆

ATMOSPHERE: ☆☆☆☆☆

FOOD: ☆☆☆☆☆

OVERALL EXPERIENCE: ☆☆☆☆☆

MATCH DAY
TICKET

 AROUND THE GROUNDS

( ) U ( )

DATE:

GROUND:

ATTENDANCE:

LEAGUE/DIVISION:

MATCH REVIEW:

GROUND REVIEW:

FACILITIES: ☆☆☆☆☆

ADDITIONAL ACTIVITIES: ☆☆☆☆☆

ATMOSPHERE: ☆☆☆☆☆

FOOD: ☆☆☆☆☆

OVERALL EXPERIENCE: ☆☆☆☆☆

MATCH DAY TICKET

 AROUND THE GROUNDS

( ) **U** ( )

Date:

Ground:

Attendance:

League/Division:

MATCH REVIEW:

GROUND REVIEW:

Facilities: ☆☆☆☆☆　Additional Activities: ☆☆☆☆☆

Atmosphere: ☆☆☆☆☆　Food: ☆☆☆☆☆

Overall Experience: ☆☆☆☆☆

MATCH DAY TICKET

 AROUND THE GROUNDS

( ) **U** ( )

DATE:

GROUND:

ATTENDANCE:

LEAGUE/DIVISION:

MATCH REVIEW:

GROUND REVIEW:

FACILITIES: ☆☆☆☆☆　　ADDITIONAL ACTIVITIES: ☆☆☆☆☆

ATMOSPHERE: ☆☆☆☆☆　　FOOD: ☆☆☆☆☆

OVERALL EXPERIENCE: ☆☆☆☆☆

MATCH DAY TICKET

 AROUND THE GROUNDS

( ) **V** ( )

Date: _____

Ground: _____

Attendance: _____

League/Division: _____

MATCH REVIEW:

_____
_____
_____
_____

GROUND REVIEW:

_____
_____
_____
_____

Facilities: ☆☆☆☆☆

Additional Activities: ☆☆☆☆☆

Atmosphere: ☆☆☆☆☆

Food: ☆☆☆☆☆

Overall Experience: ☆☆☆☆☆

MATCH DAY TICKET

 AROUND THE GROUNDS

( ) **U** ( )

Date: _____

Ground: _____

Attendance: _____

League/Division: _____

MATCH REVIEW:

_____
_____
_____
_____

GROUND REVIEW:

_____
_____
_____
_____

Facilities: ☆☆☆☆☆   Additional Activities: ☆☆☆☆☆

Atmosphere: ☆☆☆☆☆   Food: ☆☆☆☆☆

Overall Experience: ☆☆☆☆☆

MATCH DAY TICKET

AROUND THE GROUNDS

( ) **U** ( )

DATE:

GROUND:

ATTENDANCE:

LEAGUE/DIVISION:

MATCH REVIEW:

GROUND REVIEW:

FACILITIES: ☆☆☆☆☆   ADDITIONAL ACTIVITIES: ☆☆☆☆☆

ATMOSPHERE: ☆☆☆☆☆   FOOD: ☆☆☆☆☆

OVERALL EXPERIENCE: ☆☆☆☆☆

MATCH DAY TICKET

 AROUND THE GROUNDS

( ) V ( )

Date: _____

Ground: _____

Attendance: _____

League/Division: _____

MATCH REVIEW:

_____
_____
_____
_____

GROUND REVIEW:

_____
_____
_____
_____
_____

Facilities: ☆☆☆☆☆

Additional Activities: ☆☆☆☆☆

Atmosphere: ☆☆☆☆☆

Food: ☆☆☆☆☆

Overall Experience: ☆☆☆☆☆

MATCH DAY TICKET

 AROUND THE GROUNDS

( ) **U** ( )

DATE:

GROUND:

ATTENDANCE:

LEAGUE/DIVISION:

MATCH REVIEW:

GROUND REVIEW:

FACILITIES: ☆☆☆☆☆　　ADDITIONAL ACTIVITIES: ☆☆☆☆☆

ATMOSPHERE: ☆☆☆☆☆　　FOOD: ☆☆☆☆☆

OVERALL EXPERIENCE: ☆☆☆☆☆

MATCH DAY TICKET

 AROUND THE GROUNDS

( ) **V** ( )

Date:

Ground:

Attendance:

League/Division:

MATCH REVIEW:

GROUND REVIEW:

Facilities: ☆☆☆☆☆   Additional Activities: ☆☆☆☆☆

Atmosphere: ☆☆☆☆☆   Food: ☆☆☆☆☆

Overall Experience: ☆☆☆☆☆

MATCH DAY TICKET

 AROUND THE GROUNDS

( ) **U** ( )

DATE:

GROUND:

ATTENDANCE:

LEAGUE/DIVISION:

MATCH REVIEW:

GROUND REVIEW:

FACILITIES: ☆☆☆☆☆   ADDITIONAL ACTIVITIES: ☆☆☆☆☆

ATMOSPHERE: ☆☆☆☆☆   FOOD: ☆☆☆☆☆

OVERALL EXPERIENCE: ☆☆☆☆☆

MATCH DAY TICKET

AROUND THE GROUNDS

( ) V ( )

DATE:

GROUND:

ATTENDANCE:

LEAGUE/DIVISION:

MATCH REVIEW:

GROUND REVIEW:

FACILITIES: ☆☆☆☆☆

ADDITIONAL ACTIVITIES: ☆☆☆☆☆

ATMOSPHERE: ☆☆☆☆☆

FOOD: ☆☆☆☆☆

OVERALL EXPERIENCE: ☆☆☆☆☆

MATCH DAY
TICKET

 AROUND THE GROUNDS

( ) **U** ( )

DATE:

GROUND:

ATTENDANCE:

LEAGUE/DIVISION:

MATCH REVIEW:

GROUND REVIEW:

FACILITIES: ☆☆☆☆☆ ADDITIONAL ACTIVITIES: ☆☆☆☆☆

ATMOSPHERE: ☆☆☆☆☆ FOOD: ☆☆☆☆☆

OVERALL EXPERIENCE: ☆☆☆☆☆

MATCH DAY TICKET

 AROUND THE GROUNDS

( ) U ( )

Date: _____

Ground: _____

Attendance: _____

League/Division: _____

MATCH REVIEW:

_____
_____
_____
_____

GROUND REVIEW:

_____
_____
_____
_____
_____

Facilities: ☆☆☆☆☆   Additional Activities: ☆☆☆☆☆

Atmosphere: ☆☆☆☆☆   Food: ☆☆☆☆☆

Overall Experience: ☆☆☆☆☆

MATCH DAY
TICKET

 AROUND THE GROUNDS

( ) **U** ( )

DATE:

GROUND:

ATTENDANCE:

LEAGUE/DIVISION:

MATCH REVIEW:

GROUND REVIEW:

FACILITIES: ☆☆☆☆☆   ADDITIONAL ACTIVITIES: ☆☆☆☆☆

ATMOSPHERE: ☆☆☆☆☆   FOOD: ☆☆☆☆☆

OVERALL EXPERIENCE: ☆☆☆☆☆

MATCH DAY TICKET

 AROUND THE GROUNDS

( ) **U** ( )

DATE:

GROUND:

ATTENDANCE:

LEAGUE/DIVISION:

MATCH REVIEW:

GROUND REVIEW:

FACILITIES: ☆☆☆☆☆   ADDITIONAL ACTIVITIES: ☆☆☆☆☆

ATMOSPHERE: ☆☆☆☆☆   FOOD: ☆☆☆☆☆

OVERALL EXPERIENCE: ☆☆☆☆☆

MATCH DAY TICKET

 AROUND THE GROUNDS

( ) **U** ( )

Date: _____

Ground: _____

Attendance: _____

League/Division: _____

MATCH REVIEW:

_____
_____
_____
_____

GROUND REVIEW:

_____
_____
_____
_____

Facilities: ☆☆☆☆☆

Additional Activities: ☆☆☆☆☆

Atmosphere: ☆☆☆☆☆

Food: ☆☆☆☆☆

Overall Experience: ☆☆☆☆☆

MATCH DAY
TICKET

AROUND THE GROUNDS

( ) U ( )

Date:

Ground:

Attendance:

League/Division:

MATCH REVIEW:

GROUND REVIEW:

Facilities: ☆☆☆☆☆

Additional Activities: ☆☆☆☆☆

Atmosphere: ☆☆☆☆☆

Food: ☆☆☆☆☆

Overall Experience: ☆☆☆☆☆

MATCH DAY TICKET

AROUND THE GROUNDS

( ) U ( )

DATE:

GROUND:

ATTENDANCE:

LEAGUE/DIVISION:

MATCH REVIEW:

GROUND REVIEW:

FACILITIES: ☆☆☆☆☆

ADDITIONAL ACTIVITIES: ☆☆☆☆☆

ATMOSPHERE: ☆☆☆☆☆

FOOD: ☆☆☆☆☆

OVERALL EXPERIENCE: ☆☆☆☆☆

MATCH DAY TICKET

AROUND THE GROUNDS

( ) **U** ( )

DATE:

GROUND:

ATTENDANCE:

LEAGUE/DIVISION:

MATCH REVIEW:

GROUND REVIEW:

FACILITIES: ☆☆☆☆☆   ADDITIONAL ACTIVITIES: ☆☆☆☆☆

ATMOSPHERE: ☆☆☆☆☆   FOOD: ☆☆☆☆☆

OVERALL EXPERIENCE: ☆☆☆☆☆

MATCH DAY
TICKET

AROUND THE GROUNDS

( ) U ( )

DATE:

GROUND:

ATTENDANCE:

LEAGUE/DIVISION:

MATCH REVIEW:

GROUND REVIEW:

FACILITIES: ☆☆☆☆☆

ADDITIONAL ACTIVITIES: ☆☆☆☆☆

ATMOSPHERE: ☆☆☆☆☆

FOOD: ☆☆☆☆☆

OVERALL EXPERIENCE: ☆☆☆☆☆

MATCH DAY
TICKET

AROUND THE GROUNDS

( ) U ( )

DATE:

GROUND:

ATTENDANCE:

LEAGUE/DIVISION:

MATCH REVIEW:

GROUND REVIEW:

FACILITIES: ☆☆☆☆☆

ADDITIONAL ACTIVITIES: ☆☆☆☆☆

ATMOSPHERE: ☆☆☆☆☆

FOOD: ☆☆☆☆☆

OVERALL EXPERIENCE: ☆☆☆☆☆

MATCH DAY
TICKET

AROUND THE GROUNDS

( ) **U** ( )

DATE:

GROUND:

ATTENDANCE:

LEAGUE/DIVISION:

MATCH REVIEW:

GROUND REVIEW:

FACILITIES: ☆☆☆☆☆   ADDITIONAL ACTIVITIES: ☆☆☆☆☆

ATMOSPHERE: ☆☆☆☆☆   FOOD: ☆☆☆☆☆

OVERALL EXPERIENCE: ☆☆☆☆☆

MATCH DAY TICKET

AROUND THE GROUNDS

( ) U ( )

DATE:

GROUND:

ATTENDANCE:

LEAGUE/DIVISION:

MATCH REVIEW:

GROUND REVIEW:

FACILITIES: ☆☆☆☆☆

ADDITIONAL ACTIVITIES: ☆☆☆☆☆

ATMOSPHERE: ☆☆☆☆☆

FOOD: ☆☆☆☆☆

OVERALL EXPERIENCE: ☆☆☆☆☆

MATCH DAY
TICKET

AROUND THE GROUNDS

( ) **U** ( )

DATE:

GROUND:

ATTENDANCE:

LEAGUE/DIVISION:

MATCH REVIEW:

GROUND REVIEW:

FACILITIES: ☆☆☆☆☆

ADDITIONAL ACTIVITIES: ☆☆☆☆☆

ATMOSPHERE: ☆☆☆☆☆

FOOD: ☆☆☆☆☆

OVERALL EXPERIENCE: ☆☆☆☆☆

MATCH DAY
TICKET

AROUND THE GROUNDS

( ) **V** ( )

DATE: _____

GROUND: _____

ATTENDANCE: _____

LEAGUE/DIVISION: _____

MATCH REVIEW:

_____
_____
_____
_____

GROUND REVIEW:

_____
_____
_____
_____

FACILITIES: ☆☆☆☆☆   ADDITIONAL ACTIVITIES: ☆☆☆☆☆

ATMOSPHERE: ☆☆☆☆☆   FOOD: ☆☆☆☆☆

OVERALL EXPERIENCE: ☆☆☆☆☆

MATCH DAY
TICKET

AROUND THE GROUNDS

( ) **U** ( )

DATE:

GROUND:

ATTENDANCE:

LEAGUE/DIVISION:

MATCH REVIEW:

GROUND REVIEW:

FACILITIES: ☆☆☆☆☆

ADDITIONAL ACTIVITIES: ☆☆☆☆☆

ATMOSPHERE: ☆☆☆☆☆

FOOD: ☆☆☆☆☆

OVERALL EXPERIENCE: ☆☆☆☆☆

MATCH DAY TICKET

AROUND THE GROUNDS

( ) U ( )

DATE:

GROUND:

ATTENDANCE:

LEAGUE/DIVISION:

MATCH REVIEW:

GROUND REVIEW:

FACILITIES: ☆☆☆☆☆

ADDITIONAL ACTIVITIES: ☆☆☆☆☆

ATMOSPHERE: ☆☆☆☆☆

FOOD: ☆☆☆☆☆

OVERALL EXPERIENCE: ☆☆☆☆☆

MATCH DAY TICKET

AROUND THE GROUNDS

( ) U ( )

Date:

Ground:

Attendance:

League/Division:

MATCH REVIEW:

GROUND REVIEW:

Facilities: ☆☆☆☆☆

Additional Activities: ☆☆☆☆☆

Atmosphere: ☆☆☆☆☆

Food: ☆☆☆☆☆

Overall Experience: ☆☆☆☆☆

MATCH DAY TICKET

AROUND THE GROUNDS

( ) **U** ( )

Date: _____

Ground: _____

Attendance: _____

League/Division: _____

MATCH REVIEW:

_____
_____
_____
_____

GROUND REVIEW:

_____
_____
_____
_____

Facilities: ☆☆☆☆☆   Additional Activities: ☆☆☆☆☆

Atmosphere: ☆☆☆☆☆   Food: ☆☆☆☆☆

Overall Experience: ☆☆☆☆☆

MATCH DAY
TICKET

AROUND THE GROUNDS

( ) U ( )

DATE:

GROUND:

ATTENDANCE:

LEAGUE/DIVISION:

MATCH REVIEW:

GROUND REVIEW:

FACILITIES: ☆☆☆☆☆

ADDITIONAL ACTIVITIES: ☆☆☆☆☆

ATMOSPHERE: ☆☆☆☆☆

FOOD: ☆☆☆☆☆

OVERALL EXPERIENCE: ☆☆☆☆☆

MATCH DAY
TICKET

AROUND THE GROUNDS

( ) U ( )

Date:

Ground:

Attendance:

League/Division:

MATCH REVIEW:

GROUND REVIEW:

Facilities: ☆☆☆☆☆

Additional Activities: ☆☆☆☆☆

Atmosphere: ☆☆☆☆☆

Food: ☆☆☆☆☆

Overall Experience: ☆☆☆☆☆

MATCH DAY
TICKET

AROUND THE GROUNDS

( ) **U** ( )

Date: _____

Ground: _____

Attendance: _____

League/Division: _____

MATCH REVIEW:

_____
_____
_____
_____

GROUND REVIEW:

_____
_____
_____
_____

Facilities: ☆☆☆☆☆   Additional Activities: ☆☆☆☆☆

Atmosphere: ☆☆☆☆☆   Food: ☆☆☆☆☆

Overall Experience: ☆☆☆☆☆

MATCH DAY
TICKET

AROUND THE GROUNDS

( ) U ( )

DATE:

GROUND:

ATTENDANCE:

LEAGUE/DIVISION:

MATCH REVIEW:

GROUND REVIEW:

FACILITIES: ☆☆☆☆☆

ADDITIONAL ACTIVITIES: ☆☆☆☆☆

ATMOSPHERE: ☆☆☆☆☆

FOOD: ☆☆☆☆☆

OVERALL EXPERIENCE: ☆☆☆☆☆

MATCH DAY
TICKET

AROUND THE GROUNDS

( ) **V** ( )

DATE:

GROUND:

ATTENDANCE:

LEAGUE/DIVISION:

MATCH REVIEW:

GROUND REVIEW:

FACILITIES: ☆☆☆☆☆   ADDITIONAL ACTIVITIES: ☆☆☆☆☆

ATMOSPHERE: ☆☆☆☆☆   FOOD: ☆☆☆☆☆

OVERALL EXPERIENCE: ☆☆☆☆☆

MATCH DAY
TICKET

ROUND THE GROUNDS

( ) **U** ( )

DATE:

GROUND:

ATTENDANCE:

LEAGUE/DIVISION:

MATCH REVIEW:

GROUND REVIEW:

FACILITIES: ☆☆☆☆☆　　ADDITIONAL ACTIVITIES: ☆☆☆☆☆

ATMOSPHERE: ☆☆☆☆☆　　FOOD: ☆☆☆☆☆

OVERALL EXPERIENCE: ☆☆☆☆☆

MATCH DAY
TICKET

AROUND THE GROUNDS

( ) U ( )

DATE:

GROUND:

ATTENDANCE:

LEAGUE/DIVISION:

MATCH REVIEW:

GROUND REVIEW:

FACILITIES: ☆☆☆☆☆

ADDITIONAL ACTIVITIES: ☆☆☆☆☆

ATMOSPHERE: ☆☆☆☆☆

FOOD: ☆☆☆☆☆

OVERALL EXPERIENCE: ☆☆☆☆☆

MATCH DAY
TICKET

AROUND THE GROUNDS

( ) **V** ( )

Date:

Ground:

Attendance:

League/Division:

MATCH REVIEW:

GROUND REVIEW:

Facilities: ☆☆☆☆☆

Additional Activities: ☆☆☆☆☆

Atmosphere: ☆☆☆☆☆

Food: ☆☆☆☆☆

Overall Experience: ☆☆☆☆☆

MATCH DAY TICKET

AROUND THE GROUNDS

( ) U ( )

DATE:

GROUND:

ATTENDANCE:

LEAGUE/DIVISION:

MATCH REVIEW:

GROUND REVIEW:

FACILITIES: ☆☆☆☆☆   ADDITIONAL ACTIVITIES: ☆☆☆☆☆

ATMOSPHERE: ☆☆☆☆☆   FOOD: ☆☆☆☆☆

OVERALL EXPERIENCE: ☆☆☆☆☆

MATCH DAY TICKET

AROUND THE GROUNDS

( ) **V** ( )

DATE:

GROUND:

ATTENDANCE:

LEAGUE/DIVISION:

MATCH REVIEW:

GROUND REVIEW:

FACILITIES: ☆☆☆☆☆　　ADDITIONAL ACTIVITIES: ☆☆☆☆☆

ATMOSPHERE: ☆☆☆☆☆　　FOOD: ☆☆☆☆☆

OVERALL EXPERIENCE: ☆☆☆☆☆

MATCH DAY TICKET

AROUND THE GROUNDS

( ) **U** ( )

Date: _____

Ground: _____

Attendance: _____

League/Division: _____

MATCH REVIEW:

_____
_____
_____
_____

GROUND REVIEW:

_____
_____
_____
_____
_____

Facilities: ☆☆☆☆☆   Additional Activities: ☆☆☆☆☆

Atmosphere: ☆☆☆☆☆   Food: ☆☆☆☆☆

Overall Experience: ☆☆☆☆☆

MATCH DAY TICKET

AROUND THE GROUNDS

( ) **U** ( )

DATE:

GROUND:

ATTENDANCE:

LEAGUE/DIVISION:

MATCH REVIEW:

GROUND REVIEW:

FACILITIES: ☆☆☆☆☆

ADDITIONAL ACTIVITIES: ☆☆☆☆☆

ATMOSPHERE: ☆☆☆☆☆

FOOD: ☆☆☆☆☆

OVERALL EXPERIENCE: ☆☆☆☆☆

MATCH DAY TICKET

AROUND THE GROUNDS

( ) **U** ( )

DATE:

GROUND:

ATTENDANCE:

LEAGUE/DIVISION:

MATCH REVIEW:

GROUND REVIEW:

FACILITIES: ☆☆☆☆☆

ADDITIONAL ACTIVITIES: ☆☆☆☆☆

ATMOSPHERE: ☆☆☆☆☆

FOOD: ☆☆☆☆☆

OVERALL EXPERIENCE: ☆☆☆☆☆

MATCH DAY
TICKET

AROUND THE GROUNDS

( ) **V** ( )

DATE: _____

GROUND: _____

ATTENDANCE: _____

LEAGUE/DIVISION: _____

MATCH REVIEW:

_____
_____
_____
_____

GROUND REVIEW:

_____
_____
_____
_____

FACILITIES: ☆☆☆☆☆   ADDITIONAL ACTIVITIES: ☆☆☆☆☆

ATMOSPHERE: ☆☆☆☆☆   FOOD: ☆☆☆☆☆

OVERALL EXPERIENCE: ☆☆☆☆☆

MATCH DAY TICKET

AROUND THE GROUNDS

( ) **U** ( )

DATE:

GROUND:

ATTENDANCE:

LEAGUE/DIVISION:

MATCH REVIEW:

GROUND REVIEW:

FACILITIES: ☆☆☆☆☆　　ADDITIONAL ACTIVITIES: ☆☆☆☆☆

ATMOSPHERE: ☆☆☆☆☆　　FOOD: ☆☆☆☆☆

OVERALL EXPERIENCE: ☆☆☆☆☆

MATCH DAY TICKET

AROUND THE GROUNDS

( ) U ( )

DATE:

GROUND:

ATTENDANCE:

LEAGUE/DIVISION:

MATCH REVIEW:

GROUND REVIEW:

FACILITIES: ☆☆☆☆☆

ADDITIONAL ACTIVITIES: ☆☆☆☆☆

ATMOSPHERE: ☆☆☆☆☆

FOOD: ☆☆☆☆☆

OVERALL EXPERIENCE: ☆☆☆☆☆

MATCH DAY
TICKET

AROUND THE GROUNDS

( ) **U** ( )

DATE:

GROUND:

ATTENDANCE:

LEAGUE/DIVISION:

MATCH REVIEW:

GROUND REVIEW:

FACILITIES: ☆☆☆☆☆   ADDITIONAL ACTIVITIES: ☆☆☆☆☆

ATMOSPHERE: ☆☆☆☆☆   FOOD: ☆☆☆☆☆

OVERALL EXPERIENCE: ☆☆☆☆☆

MATCH DAY TICKET

AROUND THE GROUNDS

( ) **U** ( )

DATE: _____

GROUND: _____

ATTENDANCE: _____

LEAGUE/DIVISION: _____

MATCH REVIEW:

_____
_____
_____
_____

GROUND REVIEW:

_____
_____
_____
_____

FACILITIES: ☆☆☆☆☆   ADDITIONAL ACTIVITIES: ☆☆☆☆☆

ATMOSPHERE: ☆☆☆☆☆   FOOD: ☆☆☆☆☆

OVERALL EXPERIENCE: ☆☆☆☆☆

MATCH DAY TICKET

AROUND THE GROUNDS

( ) **U** ( )

DATE:

GROUND:

ATTENDANCE:

LEAGUE/DIVISION:

MATCH REVIEW:

GROUND REVIEW:

FACILITIES: ☆☆☆☆☆   ADDITIONAL ACTIVITIES: ☆☆☆☆☆

ATMOSPHERE: ☆☆☆☆☆   FOOD: ☆☆☆☆☆

OVERALL EXPERIENCE: ☆☆☆☆☆

MATCH DAY TICKET

AROUND THE GROUNDS

( ) **U** ( )

Date:

Ground:

Attendance:

League/Division:

MATCH REVIEW:

GROUND REVIEW:

Facilities: ☆☆☆☆☆

Additional Activities: ☆☆☆☆☆

Atmosphere: ☆☆☆☆☆

Food: ☆☆☆☆☆

Overall Experience: ☆☆☆☆☆

MATCH DAY
TICKET

AROUND THE GROUNDS

( ) U ( )

DATE:

GROUND:

ATTENDANCE:

LEAGUE/DIVISION:

MATCH REVIEW:

GROUND REVIEW:

FACILITIES: ☆☆☆☆☆

ADDITIONAL ACTIVITIES: ☆☆☆☆☆

ATMOSPHERE: ☆☆☆☆☆

FOOD: ☆☆☆☆☆

OVERALL EXPERIENCE: ☆☆☆☆☆

MATCH DAY
TICKET

AROUND THE GROUNDS

( ) **U** ( )

DATE:

GROUND:

ATTENDANCE:

LEAGUE/DIVISION:

MATCH REVIEW:

GROUND REVIEW:

FACILITIES: ☆☆☆☆☆   ADDITIONAL ACTIVITIES: ☆☆☆☆☆

ATMOSPHERE: ☆☆☆☆☆   FOOD: ☆☆☆☆☆

OVERALL EXPERIENCE: ☆☆☆☆☆

MATCH DAY TICKET

AROUND THE GROUNDS

( ) **U** ( )

Date: _____

Ground: _____

Attendance: _____

League/Division: _____

MATCH REVIEW:

_____
_____
_____
_____

GROUND REVIEW:

_____
_____
_____
_____

Facilities: ☆☆☆☆☆   Additional Activities: ☆☆☆☆☆

Atmosphere: ☆☆☆☆☆   Food: ☆☆☆☆☆

Overall Experience: ☆☆☆☆☆

MATCH DAY
TICKET

AROUND THE GROUNDS

( ) **V** ( )

DATE:

GROUND:

ATTENDANCE:

LEAGUE/DIVISION:

MATCH REVIEW:

GROUND REVIEW:

FACILITIES: ☆☆☆☆☆

ADDITIONAL ACTIVITIES: ☆☆☆☆☆

ATMOSPHERE: ☆☆☆☆☆

FOOD: ☆☆☆☆☆

OVERALL EXPERIENCE: ☆☆☆☆☆

MATCH DAY TICKET

AROUND THE GROUNDS

( ) U ( )

DATE:

GROUND:

ATTENDANCE:

LEAGUE/DIVISION:

MATCH REVIEW:

GROUND REVIEW:

FACILITIES: ☆☆☆☆☆

ADDITIONAL ACTIVITIES: ☆☆☆☆☆

ATMOSPHERE: ☆☆☆☆☆

FOOD: ☆☆☆☆☆

OVERALL EXPERIENCE: ☆☆☆☆☆

MATCH DAY
TICKET

AROUND THE GROUNDS

( ) U ( )

DATE:

GROUND:

ATTENDANCE:

LEAGUE/DIVISION:

MATCH REVIEW:

GROUND REVIEW:

FACILITIES: ☆☆☆☆☆

ADDITIONAL ACTIVITIES: ☆☆☆☆☆

ATMOSPHERE: ☆☆☆☆☆

FOOD: ☆☆☆☆☆

OVERALL EXPERIENCE: ☆☆☆☆☆

MATCH DAY TICKET

AROUND THE GROUNDS

( ) U ( )

DATE:

GROUND:

ATTENDANCE:

LEAGUE/DIVISION:

MATCH REVIEW:

GROUND REVIEW:

FACILITIES: ☆☆☆☆☆

ADDITIONAL ACTIVITIES: ☆☆☆☆☆

ATMOSPHERE: ☆☆☆☆☆

FOOD: ☆☆☆☆☆

OVERALL EXPERIENCE: ☆☆☆☆☆

MATCH DAY
TICKET

AROUND THE GROUNDS

( ) U ( )

DATE:

GROUND:

ATTENDANCE:

LEAGUE/DIVISION:

MATCH REVIEW:

GROUND REVIEW:

FACILITIES: ☆☆☆☆☆

ADDITIONAL ACTIVITIES: ☆☆☆☆☆

ATMOSPHERE: ☆☆☆☆☆

FOOD: ☆☆☆☆☆

OVERALL EXPERIENCE: ☆☆☆☆☆

MATCH DAY TICKET

ROUND THE GROUNDS

( ) **U** ( )

Date:

Ground:

Attendance:

League/Division:

MATCH REVIEW:

GROUND REVIEW:

Facilities: ☆☆☆☆☆   Additional Activities: ☆☆☆☆☆

Atmosphere: ☆☆☆☆☆   Food: ☆☆☆☆☆

Overall Experience: ☆☆☆☆☆

MATCH DAY TICKET

AROUND THE GROUNDS

( ) **V** ( )

DATE:

GROUND:

ATTENDANCE:

LEAGUE/DIVISION:

MATCH REVIEW:

GROUND REVIEW:

FACILITIES: ☆☆☆☆☆　　ADDITIONAL ACTIVITIES: ☆☆☆☆☆

ATMOSPHERE: ☆☆☆☆☆　　FOOD: ☆☆☆☆☆

OVERALL EXPERIENCE: ☆☆☆☆☆

MATCH DAY
TICKET

AROUND THE GROUNDS

( ) **U** ( )

DATE:

GROUND:

ATTENDANCE:

LEAGUE/DIVISION:

MATCH REVIEW:

GROUND REVIEW:

FACILITIES: ☆☆☆☆☆   ADDITIONAL ACTIVITIES: ☆☆☆☆☆

ATMOSPHERE: ☆☆☆☆☆   FOOD: ☆☆☆☆☆

OVERALL EXPERIENCE: ☆☆☆☆☆

MATCH DAY
TICKET

ROUND THE GROUNDS

( ) U ( )

Date:

Ground:

Attendance:

League/Division:

MATCH REVIEW:

GROUND REVIEW:

Facilities: ☆☆☆☆☆

Additional Activities: ☆☆☆☆☆

Atmosphere: ☆☆☆☆☆

Food: ☆☆☆☆☆

Overall Experience: ☆☆☆☆☆

MATCH DAY TICKET

AROUND THE GROUNDS

( ) **U** ( )

Date: _____

Ground: _____

Attendance: _____

League/Division: _____

MATCH REVIEW:

_____
_____
_____

GROUND REVIEW:

_____
_____
_____
_____

Facilities: ☆☆☆☆☆   Additional Activities: ☆☆☆☆☆

Atmosphere: ☆☆☆☆☆   Food: ☆☆☆☆☆

Overall Experience: ☆☆☆☆☆

NOTES:

AROUND THE GROUNDS

Printed in Great Britain
by Amazon